AF358333

CATALOGUE SOMMAIRE

DES

DESSINS ANCIENS

Principalement de l'École Française du XVIIIe Siècle

AQUARELLES, GOUACHES

MINIATURES, PASTELS

ŒUVRES DE

BELANGER, BLARENBERGHE, BOILLY, BOZE, CARESME, COCHIN,
COUTURE, DANLOUX, DUPLESSIS, GRAVELOT, GREUZE,
GRIMOU, HUET, ISABEY, LAGNEAU, LANCRET, LE PRINCE, DE MACHY,
MALLET, L. MOREAU, OUDRY, PARIZEAU, PARROCEL, PRUD'HON,
HUBERT-ROBERT, SAINT-AUBIN, SAINT-QUENTIN, SARRAZIN,
SAUVAGE, SCHENAU, SICARDI, TAUNAY, TRINQUESSE, VESTIER, ETC.

GRAVURES ANCIENNES

Dont *Marie-Antoinette*, en couleurs, par FABIEN DAGOTY

LE TOUT COMPOSANT LA COLLECTION PARTICULIÈRE

DE FEU M. A.-H. LAGLENNE

Antiquaire à Saint-Germain-en-Laye

Dont la Vente aux enchères publiques aura lieu

Hôtel des Commissaires-priseurs

RUE DROUOT N° 9, SALLE N° 7

Les Vendredi 3 et Samedi 4 Mars 1905

à deux heures et demie

COMMISSAIRE-PRISEUR	EXPERT
Me LAIR-DUBREUIL	M. PAUL ROBLIN
6, rue de Hanovre	65, rue Saint-Lazare

EXPOSITION PUBLIQUE

Le Jeudi 2 Mars 1905, de 1 h. 1/2 à 5 h. 1/2

CONDITIONS DE LA VENTE

Elle sera faite au comptant.

Les acquéreurs paieront *dix pour cent* en sus des prix d'adjudication.

L'exposition mettant le public à même de se rendre compte de l'état et de la qualité des objets, aucune réclamation ne sera admise une fois l'adjudication prononcée.

ORDRE DES VACATIONS

Le Vendredi 3 Mars 1905

Numéros 1 à 73

Le Samedi 4 Mars 1905

Numéros 74 à la fin

L'ordre numérique ne sera pas suivi.

DÉSIGNATION

ANDRÉ (J.)

1. — *La Petite mère de famille.*

BEL (A. Le)

2. — *Le Jeune dessinateur. — La Jeune ménagère. —* Deux pendants.

BÉLANGER (F.-J.)

3. — *Paysages avec ruines et cours d'eau.* — Deux pendants.

BLARENBERGHE (L.-N. Van)

4. — *Vue de l'île d'Andrésy.*

5. — *Mahé de la Bourdonnais débarquant à l'Ile-de-France.*

6. — *Paysage animé de figures.*

BOILLY (L.)

7. — *Portrait de femme.*

8. — *Portrait de fillette.*

BOILLY (L.)

9. — *Portrait d'homme.*

10. — *Le Printemps.*

11. — *L'Été.*

12. — *L'Automne.*

BOZE (J.)

13. — *Portrait d'homme.*

BOREL (A.)

14. — *Courtoisie du chevalier Bayard.*

BOUCHER (Attribué à F.)

15. — *Académie de femme.*

16. — *Allégorie sur l'amour.*

CAMPION DE TERSAN (Ch.-M.)

17. — *Portrait de Mme Élisabeth Conclerk Kick.*

CARESME (Ph.)

18. — *Nymphes et satyre.*

19. — *Scène de cabaret.*

CHAMPAGNE (Attribué à Ph. de)

20. — *La Flagellation.*

CHARDIN (École de J.-B.-S.)

21. — *Portrait de dame assise.*

CHATELIN

22. — *Portrait de femme.*

CLERMONT

23. — *Groupe d'Amours.*

COCHIN LE FILS (Ch.-N.)

24. — *Portrait de Jacques-Firmin Beauvarlet.*

25. — *Scène guerrière.*

COUTURE (Th.)

26. — *Les Romains de la Décadence.*

DANLOUX (P.)

27. — *Portrait de jeune femme.*

28. — *Portrait de femme.*

DEBUCOURT (Attr. à Ph.-L.)

29. — *Feuille de croquis.*

DESPLACES

30. — *Bouquet de fleurs.*

DESRAIS (Cl.-L.)

31. — *L'Oiseau de volière. — Le Concert champêtre.*

DIAZ (N.)

32. — *Paysage orné d'une guirlande de fleurs.*

DUCLOS (A.)

33. — *Sujet de comédie.*

DUPLESSIS (M. H.)

34. — *Charge de cavaliers.*

35. — *Brigands réunis dans des temples.*

DUTAILLY

36. — *Concert intime.*

ÉCOLE ANGLAISE

37. — *Portrait de jeune femme.*

38. — *Jeune femme dans un parc.*

ÉCOLE FRANÇAISE (XVIIᵉ SIÈCLE)

39. — *Portrait de Charles IX. — Portrait de Henri III. — Deux pendants.*

ÉCOLE ITALIENNE (XVIIᵉ SIÈCLE)

40. — *Portrait d'homme.*

ÉCOLE ITALIENNE (XVIIIᵉ SIÈCLE)

41. — *Veduta della Festa di Ballo...* etc.

42. — *Frontispice pour un ouvrage sur l'art de la peinture.*

ESCHARD (Attribué à)

43. — *Scène de cabaret flamand.*

GÉRARD (Attribué à Mlle)

44. — *Femme italienne et son enfant.*

GOYEN (J. Van)

45. — *Intérieur de village hollandais.*

GRAVELOT (H.)

46. — *Mérope.*

GRÉGOIRE D'AIX (P.)

47. — *Groupes de personnages en costumes Louis XVI.*

GREUZE (J.-B.)

48. — *La Fille mal gardée.*

GRIMOU (Attribué à A.)

49. — *Portrait de jeune femme.* — Homme coiffé d'un turban. — Deux pendants.

H. D

50. — *Paysage.*

HUET (J.-B.)

51. — *Foire de campagne.*

52. — *Baigneuses.*

HUET (Attribué à J.-B.)

53. — *Pastorale.*

ISABEY (J.-B.)

54. — *Portrait de Jacques-Luc Barbier Walbonne.*

JULLIARD (N.)

55. — *Paysage avec moulin.*

56. — *Le Moulin.*

LAFOSSE (Attribué à J.-C. DE)

57. — *Vase monumental.*

LAGNEAU

58. — *Portrait d'homme.*

59. — *Portrait d'Erasme.*

LAJOUE (Attribué à J. DE)

60. — *Pastorale.*

LANTARA

61. — *Paysage, Effet d'orage.*

LAVREINCE (Attribué à N.)

62. — *Coiffures de jeunes femmes.* — Quatre petites gouaches.

LANCRET (N.)

63. — *Les Rémois.*

LAVREINCE (Genre de N.)

64. — *L'Amant pressant.*

LE BARBIER (J.-J.-Fʀ.)

65. — *L'Injuste soupçon.*

LÉLU (P.)

66. — *Le Triomphe de l'Amour. — Le Triomphe de Bacchus.* — Deux pendants.

LEMOINE (J.-B.)

67. — *Le Bain de Diane.*

LEPRINCE (J.-B.)

68. — *Portrait de jeune femme.*

LOUTHERBOURG (Attribué à J.-Pʜ.)

69. — *Le Bain rustique.*

MACHY (P.-Aɴᴛ. ᴅᴇ)

70. — *Femme à la fontaine.*

MALLET (J.-B.)

71. — *La Bonne Mère.*

MARILLIER (P.-C.)

72. — *Sujet pour illustration.*

73. — *Encadrement pour le portrait de Fénelon.*

MARTINET (Attribué à)

74. — *La Balançoire.*

MÉZIERE

75. — *Portrait d'homme.*

MICHEL (G.)

76. — *Route traversant un village.*

MINIATURE

77. — *Portrait de femme.*

78. — *Portrait d'homme.*

79. — *Portrait de l'Impératrice Joséphine.*

MONSIAU (N.-A.)

80. — *Frontispice pour Estelle, de Florian.*

MOREAU (L.)

81. — *Vue présumée prise à l'extrémité de la terrasse de Saint-Germain.*

82. — *Paysage.*

83. — *Attelage de bœufs.*

MOREAU (Attribué à L.)

84. — *Paysage.*

85. — *Petit temple dans une île.*

NAIGEON (J.)

86. — *Portrait de Madame la marquise de Pompadour.*

NYMEGEN (G. Van)

87. — *Pastorale.*

OUDRY (J.-B.)

88. — *Chasse au Loup.*

PARIZEAU (Ph.-L.)

89. — *La Famille du Fermier.*

90. — *Repas des enfants.*

91. — *Amour tenant des guirlandes de fleurs.*

PARROCEL (J.)

92. — *Scène de bataille.*

PATEL (A.-F.)

93. — *Paysages avec ruines. — Deux pendants.*

PERNET

94. — *Temples et monuments en ruines. — Deux pendants.*

PERRONNEAU (Attribué à J.-B.)

95. — *Portrait de jeune femme.*

PIAZZETTA (G.-B.)

96. — *Deux études de têtes.*

PRUD'HON (P.-P.)

97. — *La Peinture.*

98. — *Académie d'homme.*

99. — *Portrait de femme.*

ROBERT (H.)

100. — *Les Chiens favoris.*

101. — *La Fontaine antique.* — Pendant du précédent.

102. — *Danse de matelots au bord de la mer.*

103. — *Campement dans un cloître.* — Pendant du précédent.

104. — *Vue prise dans les jardins de la villa Negroni à Rome.*

105. — *Personnages soulevant un vase.*

106. — *Étude d'arbre.*

SAINT-AUBIN (Aug. de)

107. — *Portrait d'enfant.*

SAINT-AUBIN (Attribué à Aug. de)

108. — *La Lettre.*

SAINT-AUBIN (G. DE)

109. — *L'Étude du dessin.*

SAINT-QUENTIN (J.-PH.-J. DE)

110. — *Vénus à la colombe.*

SARRAZIN

111. — *Le Marchand de mort aux rats.*

112. — *La Mort du cochon.* — Pendant du précédent.

SAUVAGE (Attribué à P.-J.)

113. — *Le Printemps.*

114. — *L'Automne.* — Pendant du précédent.

SCHALL (Attribué à J.-FRÉD.)

115. — *La Surprise.*

SCHENAU (J.-ÉLÉAZAR)

116. — *La Laitière.*

SICARDI

117. — *Portrait d'homme.*

118. — *La Savonneuse d'après J.-B. Greuze.*

SWEBACH-DESFONTAINES (J.-J.-J.)

119. — *La Fête de la Fédération au Champ-de-Mars.*

TAUNAY (N.-ANT.)

120. — *Paysage.*

TRINQUESSE (L.

121. — *Femme tenant une mandoline.*

VESTIER (ANT.)

122. — *Portrait de jeune femme.*

VIVIEZ PÈRE (P.-D.)

123. — *Changez-moi cette tête.*

WATTEAU (Attribué à ANT.)

124. — *Portrait de femme.*

WATTEAU DE LILLE (L.)

125. — *Portrait de Paysanne.*

ÉCOLE FRANÇAISE (XVIIIe SIÈCLE)

126. — *Portraits présumés de M. et de Mlle Trudaine de Montigny. —* Deux pendants.

127. — *Femme sortant du bain.*

128. — *Portrait d'homme.*

129. — *Portrait de femme.*

130. — *Jeune fille en buste.*

131. — *Portrait de la marquise de La Roche Lambert.*

ÉCOLE FRANÇAISE (XVIIIᵉ SIÈCLE)

132. — *La Modiste.*

133. — *Paysages animés de figures.* — Deux pendants.

134. — *Portrait de femme.*

135. — *Femme dansant.*

136. — *Portrait de femme.*

ÉCOLE FRANÇAISE

137. — *Portrait de femme.*

138. — *Le Portrait.*

GRAVURES ANCIENNES

DAGOTY (Fab.)

139. — *Marie-Antoinette.*

HOPPNER (D'après J.)

140. — *The Show*, par J. Young.

HUET (D'après J.-B.)

141. — *L'amant écouté.* — *L'Éventail cassé.* — Deux pendants.

HUYSUM (D'après J. Van)

142. — *Vase de fleurs.*

NORTHCOTE (D'après J.)

143. — *A Visit to the Grandmother*, par J.-R. Smith.

144. — *The Speel of Hobnelia*, par J. Walker.

Paris. — Typ. Philippe Renouard, 19, rue des Saints-Pères. — 45059.